LOI POLONAISE

DU 29 MARS 1926

RELATIVE AUX DROITS D'AUTEUR

PRÉFACE ET NOTES

DE

Georges MAILLARD

AVOCAT A LA COUR D'APPEL DE PARIS
PRÉSIDENT DE L'ASSOCIATION LITTÉRAIRE ET ARTISTIQUE INTERNATIONALE

SOCIÉTÉ ANONYME
DU
RECUEIL SIREY
22, *Rue Soufflot*, PARIS, 5e
LÉON TENIN, Directeur de la Librairie

1926

LOI POLONAISE

DU 29 MARS 1926

RELATIVE AUX DROITS D'AUTEUR

LOI POLONAISE

DU 29 MARS 1926

RELATIVE AUX DROITS D'AUTEUR

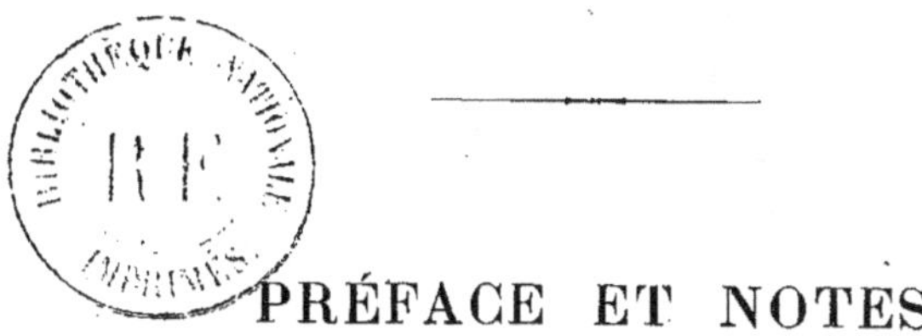

PRÉFACE ET NOTES

DE

Georges MAILLARD

AVOCAT A LA COUR D'APPEL DE PARIS

PRÉSIDENT DE L'ASSOCIATION LITTÉRAIRE ET ARTISTIQUE INTERNATIONALE

SOCIÉTÉ ANONYME

DU

RECUEIL SIREY

22, *Rue Soufflot*, PARIS, 5ᵉ

LÉON TENIN, Directeur de la Librairie

—

1926

PRÉFACE

La nation qui s'incarna dans un poète tel que Mickiewicz et, après avoir épanoui en Chopin son émotion musicale, produisit des romanciers comme Sienkiewicz et Reymont, se devait de faire une loi modèle pour la protection nationale et internationale du droit des auteurs.

Le fait qu'au lendemain de la reconstitution les diverses parties de la Pologne restaient soumises aux législations qui avaient été en vigueur sur leurs territoires respectifs nécessitait une codification des lois. Particulièrement, l'adhésion de la Pologne à la Convention d'Union de Berne, sans réserves, le 28 janvier 1920, obligeait moralement le pays à se doter d'une loi uniforme adoptant les règles inscrites dans la Convention.

Mais la Pologne est allée au delà de ces obligations et a eu à cœur, en se conformant aux règles de la Convention d'Union de Berne revisée à Berlin, de faire une loi qui pose les principes juridiques, dégage même la portée philosophique du droit d'auteur et en déduit les conséquences essentielles.

L'Association littéraire et artistique internationale y trouvera le reflet des idées fondamentales de son projet de loi type, mais avec des solutions détaillées et une rédaction minutieuse.

La présentation d'une loi sur le droit des auteurs rentrait dans les attributs de la Commission générale de Codification, qui, en attendant l'élaboration des codes généraux, a mis à l'étude les lois spéciales les plus urgentes.

Deux rapporteurs avaient été nommés pour faire un exposé préparatoire et deux avant-projets furent présentés à la Commission de Codification, l'un par M. le professeur Frédéric Zoll, de l'Université de Cracovie, l'autre par M. le professeur Jean-Jacques Litauer, de Varsovie, ancien juge à la Cour suprême. Un comité spécial fut alors constitué par la Commission de Codification et se composa des auteurs des deux avant-projets et de MM. les professeurs Petrazycki, de Varsovie, et Wróblewski, de Cracovie, membres de la Commission Dbalowski, juge à la Cour suprême, et Przesmycki, ancien ministre des Beaux-Arts.

Ce comité, qui avait été constitué dès 1920, eut des rapports constants avec les intéressés, particulièrement avec les unions professionnelles d'auteurs, et après trois années la Commission de Codification mit sur pied un projet qui fut soumis au gouvernement.

Il fallut encore trois autres années pour faire adopter le projet par le Corps législatif; il n'y eut pourtant, en réalité, que des changements peu importants au texte de la Commission de Codification.

La loi fut enfin publiée dans le n° 48 du *Journal des Lois*, le 14 mai 1926, sous le titre de : « Loi relative au droit d'auteur ». Elle contient **77** articles et elle est entrée en vigueur trente jours après sa promulgation.

Les rédacteurs de la loi se sont affranchis de la défectueuse terminologie, trop souvent employée, de propriété littéraire et artistique. La loi porte, d'une manière générale, sur le « droit d'auteur » et elle précise, en une forme originale et frappante, ce qui est l'objet du droit d'auteur. C'est (art. 1er) « toute manifestation de l'activité de l'esprit, portant le caractère d'une création individuelle », quelle que soit la forme de cette manifestation et dès qu'elle a été réalisée. Il n'est pas nécessaire qu'elle ait été éditée ; elle peut avoir été réalisée non seulement par l'impression, mais par l'écriture ou la parole ; même sous la forme orale fugitive, elle a droit à la protection. Œuvre des arts graphiques ou plastiques, elle pourra avoir été réalisée non seulement par la gravure ou dans la pierre ou le métal, mais par le dessin, la photographie, la peinture ou la glaise. Œuvre de l'architecte, elle naît de la conception fixée par des dessins ou des plans, elle se réalise matériellement par la construction. Œuvre due à l'art de la danse, elle aura été réalisée par le geste ou les ensembles chorégraphiques ou par les indications techniques qui en permettront l'exécution. Œuvre musicale, elle aura été réalisée par le son ou par les notes de musique et toutes les indications permettant de l'exécuter. Œuvre de l'art dramatique ou dramatico-musical, elle se trouve comprise parmi les manifestations de la pensée par la parole, la musique ou le rythme, dans ses éléments préparatoires et dans ses réalisations scéniques.

Mais on ne s'est pas contenté de donner dans l'alinéa 1 de l'article 1er une définition générale, dont nous venons d'essayer de dégager l'esprit ; les alinéas suivants entrent dans des détails et précisent par des exemples les œuvres à protéger. Il est ainsi précisé que la protection s'étend aux « ébauches, plans et esquisses », au « domaine entier de la production littéraire, scientifique et aussi pratique, dans la mesure où cette dernière porte les marques d'une conception personnelle du sujet ». Parmi les œuvres des arts graphiques et plastiques, on cite « les œuvres d'art décoratif appliqué aux métiers et à l'industrie, quel qu'en soit le genre, ainsi que les dimensions et la qualité des matériaux employés ». Aux œuvres photographiques, on joint les « ouvrages obtenus par des procédés analogues à la photographie ». Font l'objet d'un alinéa spécial « la pantomime et la chorégraphie, les tableaux vivants, les productions cinématographiques et autres œuvres traduites par une action muette, fixées dans des scénarios, dessins, photographies, ou même simplement dans la mémoire d'un certain nombre de personnes ». La loi ne s'applique pas aux documents officiels destinés à être portés à la connaissance du public, tels que les actes législatifs et administratifs, les décisions de justice, etc., « ni les informations de presse ordinaire ».

Il faut remarquer que les œuvres comprises dans la loi n'ont pas toutes une égale protection. Ainsi, alors qu'en principe la protection des œuvres n'est soumise à aucune formalité et la durée de la protection est de la vie de l'auteur et cinquante ans après sa mort, pour les œuvres photographiques et celles réalisées par des procédés analogues, réserve expresse du droit doit être faite de façon apparente sur les reproductions, l'année du cliché ou de la reproduction doit être indiquée de façon apparente, sinon le droit d'auteur n'est pas opposable aux tiers de bonne foi, c'est-à-dire ne sachant pas que la durée du droit d'auteur n'était pas venue à expiration. Pour les œuvres photographiques et cinématographiques, l'auteur, c'est celui qui a fait exécuter l'œuvre, c'est l'entrepreneur (art. 10). Le droit d'auteur expire dix ans après la prise de la photographie (art. 20) ; toutefois, pour les séries de photographies ayant une valeur artistique ou scientifique, le droit d'auteur n'expire que cinquante ans après le décès de l'éditeur. Pour les arrangements de compositions musicales destinés au phonographe et autres instruments de musique mécaniques, même obligation de mention de l'année de la reproduction et le droit sur l'arrangement ne dure que vingt ans, il appartient non à l'arrangeur mais à qui commanda l'arrangement (art. 10). Pour les œuvres en collaboration, la loi polonaise renvoie simplement aux règles de la copropriété (art. 8, al. 3) et prolonge le droit cinquante ans après le décès du dernier survivant des collaborateurs (art. 20, al. 1). Mais pour la collaboration entre musicien et parolier, écrivain et illustrateur, elle admet que chacun conserve en outre un droit distinct. L'article 8 règle minutieusement la situation pour les ouvrages collectifs. Les œuvres anonymes et pseudonymes sont protégées pendant cinquante ans à dater de la publication, à moins qu'avant l'expiration des cinquante ans l'auteur ne se révèle par une déclaration publique (art. 20, al. 3). Il semble, d'après l'alinéa 3 de l'article 20, que la cession de droits des tiers ne vaille que pour cinquante ans à dater de la publication ; pour le temps restant à courir des cinquante ans après la mort de l'auteur, le droit reviendrait aux successeurs légaux.

Les œuvres posthumes sont assimilées aux œuvres publiées du vivant de l'auteur ; il y a seulement une prorogation de dix ans pour le cas où il y aurait moins de dix ans à courir avant l'expiration de la durée normale quand l'œuvre serait publiée pour la première fois.

Le droit d'auteur est considéré à un double point de vue : il comporte des droits matériels, susceptibles d'être cédés en tout ou en partie et qui sont limités, dans le le temps et dans leur substance même, par l'intérêt général, et des droits personnels qui sont perpétuels et incessibles.

Les droits matériels ont pour sanction des pénalités et la réparation du dommage causé. Les droits personnels, qui forment ce que nous avons l'habitude d'appeler le droit moral de l'auteur, ont également pour sanction une action pénale et une action en dommages-intérêts et une action particulière qui est prévue et réglementée par l'article 58 : l'auteur qui a à se plaindre d'une atteinte à son droit moral peut exiger la cessation des actes préjudiciables, la réparation de leurs effets, par exemple une rétractation ou autre déclaration publique, l'insertion du jugement dans les journaux et autres moyens de satisfaction. Si l'acte a été commis sciemment, le tribunal peut accorder à la partie lésée, outre la réparation du préjudice pécuniaire, une somme qu'il fixera librement et qui équivaudra à une amende civile, comme ce qui est prévu dans la loi allemande. Parmi les atteintes dommageables au droit moral de l'auteur, le droit matériel fût-il cédé ou éteint, la loi énumère (art. 58, al. 2) : l'usurpation de la paternité d'une œuvre, l'appropriation du nom ou du pseudonyme d'un auteur ; l'omission ou la fausse indication de la source en cas de citation ; ou la reproduction d'une œuvre du domaine public, avec modifications qui en altèrent le sens ou nuisent à sa valeur ; la révélation ou l'apposition du nom de l'auteur d'une œuvre d'art contre sa volonté ; le dénigrement de l'œuvre en alléguant des faits faux. L'éditeur porte atteinte au droit moral de l'auteur en éditant l'ouvrage sous une forme qui, manifestement, ne lui est pas appropriée ou en introduisant des changements. Après le décès de l'auteur, c'est (art. 59) au conjoint survivant, aux parents, aux descendants ainsi qu'aux frères et sœurs du défunt qu'il appartient, à moins de volonté contraire exprimée par l'auteur, de faire respecter le droit moral ; mais l'action n'appartient qu'au plus diligent et ne comporte pas de dommages-intérêts. Le successeur légal du droit d'auteur n'est pas libre d'apporter à l'œuvre des changements qui ne seraient pas imposés par une nécessité évidente et que l'auteur aurait eu motif valable d'interdire.

La loi, dans son article 2, distingue, en une terminologie nouvelle, les droits indépendants et les droits dépendants. Les droits indépendants sont ceux qu'acquiert le transformateur de l'œuvre sur les transformations (traduction, adaptation, arrangement de musique). Tant que l'œuvre originale n'est pas tombée dans le domaine public, le droit dépendant ne peut naître qu'avec l'autorisation de l'auteur de l'œuvre originale. Lorsqu'une œuvre, bien qu'inspirée par une production antérieure, constitue en réalité non pas une simple transformation, mais une création purement personnelle, elle est alors l'objet d'un droit indépendant.

Tout ce qui concerne les cessions, les contrats d'édition, les contrats de représentation, se trouve traité dans les articles 28 et suivants. L'article 27 précise que la cession d'une œuvre d'art n'implique pas la cession du droit d'auteur, mais que l'acquéreur n'est pas tenu d'autoriser l'auteur à copier, reproduire ou représenter son œuvre. Il y a un chapitre spécial (art. 51 à 54) pour le contrat d'agence, c'est-à-dire celui par lequel l'auteur autorise l'agent à concéder le droit de représenter des ouvrages scéniques ou exécuter des compositions musicales et poursuivre les représentations ou exécutions illicites.

Des dispositions spéciales pour le portrait sont édictées par les articles 18, 59 et 60.

Pour les lettres missives, l'article 19 donne une solution un peu différente de celle qu'on admet le plus souvent. Il semble qu'ici, c'est assez logique, on reconnaisse le droit d'auteur à celui qui a écrit la lettre, et le destinataire n'a qu'un droit de *veto*, encore n'intervient-il que si la publication de la lettre par l'auteur doit ou peut révéler le nom du destinataire ; après la mort du destinataire, pendant trente ans encore, il faut une autorisation, celle de son conjoint, si la séparation de corps n'a pas été prononcée, et, à son défaut, celle des parents, ou, à leur défaut, de ses enfants, ou, à défaut d'enfants, celle de ses frères et sœurs, tandis qu'en général on admet que le destinataire, étant propriétaire de l'objet matériel que constitue la lettre, peut toujours s'opposer, lui ou ses ayants droit, à la publication, mais ne peut publier sans le consentement de l'auteur et de ses ayants droit. La solution de la loi polonaise est très séduisante juridiquement, car le droit de l'auteur s'applique bien aux lettres missives comme à toutes autres œuvres ; l'écrivain ne s'en est pas dépossédé quand il a envoyé la lettre, elle est seulement destinée à communiquer sa pensée au destinataire, quand elle a le caractère confidentiel et il pourrait, en principe, avoir conservé la faculté de la publier en ayant eu soin d'en garder une copie ; il y a, du reste, des lettres d'écrivains qui, manifestement destinées à la publicité, conservent le caractère d'œuvres littéraires quelconques et n'ont pas un caractère confidentiel. Le destinataire n'a, en somme, que la possession d'un objet matériel et ne paralyse le droit de l'auteur que si celui-ci n'a pas gardé de copie. La loi polonaise ne restreint le droit de l'auteur de la lettre que dans la mesure où la publication pourrait porter atteinte au destinataire en le révélant.

La loi s'applique à toutes les œuvres non encore publiées des citoyens de l'État polonais et des étrangers. Pour les œuvres éditées, publiées ou représentées, elle s'applique si les auteurs sont citoyens polonais ou étrangers domiciliés en Pologne, ou si elles ont paru d'abord en Pologne ou simultanément en Pologne et à l'étranger, ou si elles ont été publiées d'abord en polonais, ou si la protection résulte de la réciprocité légale ou diplomatique.

Comme dans presque toutes les lois détaillées sur la réglementation du droit d'auteur, ce qui prête à la critique c'est la nombreuse série des restrictions imposées à ce droit dans l'intérêt du public, particulièrement pour les besoins plus ou moins légitimes de l'enseignement, de la diffusion des idées (art. 13 et suiv.). C'est ainsi qu'on trouve, en face du droit d'auteur, le droit de citation, très minutieusement réglé avec obligation de mentionner l'œuvre citée et le nom de l'auteur et l'interdiction de changer en quoi que ce soit le texte; le droit d'emprunt pour les anthologies, mais seulement après le décès de l'auteur; le droit de compte rendu des œuvres publiées ou représentées; le droit de location des exemplaires ou de récitation publique, à moins que la récitation n'ait été expressément interdite par l'auteur, et cette singulière permission légale d'utiliser comme texte de composition musicale de petits fragments d'une œuvre poétique ou de petites poésies déjà parues. Pour les compositions muiscales, on permet la citation dans des ouvrages scientifiques ou littéraires et dans des manuels si elles ont déjà été publiées, ou comme exemple dans des conférences; la location des exemplaires licitement publiés et vendus, les exécutions gratuites ou dans une cérémonie nationale ou dans une réunion organisée par une société musicale exclusivement pour ses membres, même en transposant dans un autre ton, en une autre voix ou pour un autre instrument (art. 16). Mais toute représentation d'une œuvre scénique dans un théâtre est interdite sans le consentement de l'auteur; toutefois, l'exécution gratuite en dehors d'un théâtre est permise. Pour les œuvres des arts graphiques et plastiques et d'architecture, il y a le droit d'exposition publique si ce n'est pas en vue d'un bénéfice, le droit de citation, le droit de copie dans les édifices du culte ou dans les musées, lorsque l'œuvre a été acquise directement de l'auteur et en se conformant au règlement du musée; il est particulièrement prévu qu'on peut reproduire les œuvres d'art exposées en permanence sur les voies publiques, dans les rues, sur les places ou dans les jardins publics, mais pas dans les mêmes dimensions ni pour un usage analogue; il est permis de reproduire la façade extérieure des édifices privés et même l'intérieur des édifices du culte et des édifices publics. Le droit de l'architecte ne comprend pas le droit d'interdire aux tiers de construire suivant les plans, descriptions, modèles et dessins publiés, à moins que le droit exclusif de construction ne soit réservé sur la publication elle-même. Les ouvrages de photographie peuvent être reproduits, pourvu que ce ne soit point par la photographie ou d'une façon similaire. Enfin une singulière disposition, qui se retrouve, il est vrai, dans d'autres lois, autorise la reproduction dans un autre art, c'est-à-dire la reproduction en sculpture des œuvres du dessin ou de la peinture ou inversement; la jurisprudence française est en sens contraire.

Il faut évidemment considérer que les Parlements, quand il s'agit de rédiger une loi nouvelle, dans des pays où l'on n'est pas encore habitué à envisager le droit de l'auteur comme un droit souverain sur la pensée et où on ne l'admet que comme le profit d'un travail intellectuel, sont obligés de tenir compte des oppositions de certains groupes, qui représentent des intérêts populaires, peut-être pas toujours très bien entendus, mais qui tendent à comprimer dans une certaine mesure le droit de propriété. L'évolution, s'il y a lieu, se produira dans l'avenir, pour se rapprocher de la formule simple qui est inscrite dans le projet de loi type de l'Association littéraire et artistique internationale, à l'article 7 : « Toute reproduction intégrale ou partielle, faite sans le consentement de l'auteur ou de ses ayants cause, est illicite; il en est ainsi de la traduction et aussi de la représentation et de l'exécution publiques; sont également illicites les reproductions qui comportent des retranchements, additions et remaniements, tels que adaptation, transformation en pièces de théâtre et réciproquement, arrangements de musique, reproduction par un autre art, illustration d'un ouvrage; il en est de même des reproductions d'œuvres musicales par des instruments de musique mécaniques. » L'article 8 du projet de loi type réserve seulement la faculté de citation en précisant les limites.

Il est déjà très beau que la loi polonaise ait si heureusement mis en lumière ce qu'il y a de droit de la personnalité dans le droit d'auteur.

Après que l'alinéa 1 de l'article 1er a défini comme objet du droit d'auteur « toute manifestation de l'activité de l'esprit portant le caractère d'une création individuelle », l'article 12 dit :

« L'auteur dispose de son œuvre exclusivement et à tous égards; en particulier, il décide si l'œuvre doit paraître, si elle doit être reproduite, répandue et de quelle manière. »

« Tout auteur peut défendre ses droits personnels sans égard à l'existence ou à la non-existence du droit d'auteur » (art. 58).

Au fond, le droit d'auteur est un; les profits pécuniaires et le droit moral n'en sont que les conséquences.

La définition de l'alinéa 1 de l'article 1er peut avoir l'inconvénient de faire croire aux magistrats qu'il faut rechercher dans l'œuvre, pour qu'elle soit digne de la protection, une individualité très accusée et de les amener à rejeter des œuvres qui leur paraîtraient banales ou insignifiantes. Ce peut être à redouter dans les premières applications par des juges qui ne seront pas imbus de l'esprit nouveau et dont la loi heurtera les traditions et les habitudes; ils exigeront que l'œuvre soit vraiment originale, qu'elle corresponde à leur conception d'une œuvre littéraire ou artistique. Pourtant, la définition paraît juste si on entend par création individuelle toute œuvre qui représente un effort personnel, si minime soit-il et quel qu'en soit le mérite.

On sent que la loi polonaise a été rédigée par des juristes s'appuyant sur la consultation des intéressés et au courant de la pratique. Elle n'est pas purement empirique, elle est basée sur une conception bien définie du droit de l'auteur. Il faut espérer que la jurisprudence s'imprégnera de son esprit et que le législateur sera peu à peu amené à déduire de plus en plus rigoureusement les conséquences des principes.

Dans son état actuel, elle est un corps de doctrine important, un monument législatif qui marquera une nouvelle étape décisive vers l'unification désirée.

Tout porte à penser notamment que la fixation de la durée du droit à la vie de l'auteur et cinquante ans après sa mort déterminera dans un avenir prochain l'unification de la durée. Voilà l'Italie qui vient, dans une loi capitale, de donner le bon exemple en substituant ce délai au délai compliqué qui était précédemment en vigueur. Le projet de la loi tchéco-slovaque fait de même. Il y a un mouvement en Autriche pour étendre la protection de trente à cinquante ans après la mort de l'auteur (*Droit d'auteur,* 15 juin 1926, p. 67). La seule résistance vient de l'inconvénient qu'il y aurait pour l'Autriche à protéger les œuvres vingt ans de plus qu'elles ne le sont en Allemagne. Il est difficile que l'Allemagne reste en dehors du mouvement et ne réalise pas l'unification sur la durée donnée comme la durée-type par la Conférence de Berlin en 1908.

La Commission de Codification, en même temps qu'elle préparait le projet de loi sur le droit d'auteur, a étudié l'organisation de ce qu'on nomme communément « le domaine public payant », qui a fait l'objet de vœux multiples et de divers projets en France. Elle s'est ralliée à l'idée d'une taxe à percevoir sur la publication des œuvres pour lesquelles le droit privatif est éteint par expiration de la durée des cinquante ans après la mort de l'auteur; cette taxe servirait à créer et alimenter une caisse nationale pour la littérature, la science et l'art, à encourager et soutenir toutes les manifestations de l'activité intellectuelle nationale dans le domaine de la littérature, de la science et des arts. Mais, en Pologne comme en France, on a rencontré des difficultés pratiques pour la réalisation de l'idée; on a cru plus sage de voter d'abord la loi sur le droit d'auteur et de disjoindre le projet déjà établi pour l'institution de la taxe sur le domaine public. La Commission de Codification a émis le vœu que le ministère de la Justice saisisse le Parlement du projet de loi disjoint. De même, le gouvernement italien prépare, dit-on, l'organisation d'un domaine public payant pour les œuvres n'étant plus soumises au droit privatif de l'auteur et de ses ayants droit. L'essentiel est de ne pas mêler les deux questions qui doivent, en tout cas, demeurer distinctes et dont l'étude peut être continuée en communauté d'idées, tout en tenant compte de la situation dans les divers pays.

Georges MAILLARD.

LOI DU 29 MARS 1926

RELATIVE AUX DROITS D'AUTEUR

(Journal des Lois, 1926, n° 48, texte 286).

En vertu de l'article 44 de la Constitution, je promulgue la loi dont la teneur suit :

TITRE I

DISPOSITIONS GÉNÉRALES

Objet du droit d'auteur.

ARTICLE PREMIER. — Est l'objet du droit d'auteur, du jour où elle a été fixée sous une forme quelconque (parole, écrit, imprimé, dessin, tableau, statue, musique, mimique, rythmique), toute manifestation de l'activité de l'esprit portant le caractère d'une création individuelle.

Sont de ce nombre, en particulier :

les œuvres présentées en paroles, en écrits, en imprimés : discours, exposés, conférences, sermons, improvisations, lettres, mémoires, livres, brochures et articles, édités et non édités, ainsi que les ébauches, plans, esquisses préparés à cet effet; le domaine entier de la production littéraire, scientifique et aussi pratique, dans la mesure où cette dernière porte les marques d'une conception personnelle du sujet;

les compositions musicales de tout genre, avec ou sans paroles;

les œuvres appartenant au domaine de tous les arts graphiques et plastiques : dessinées, peintes, gravées, lithographiées, sculptées, burinées, ouvrages architecturaux, œuvres d'art décoratif appliqué aux métiers et à l'industrie, quel qu'en soit le genre, ainsi que les dimensions et la qualité des matériaux employés; les photographies et ouvrages obtenus par des procédés analogues à la photographie (1); les illustrations scientifiques, les cartes, les plans, les esquisses, les modèles scientifiques de tout genre; dans tous ces cas, jouissent de la protection aussi bien les ouvrages exécutés définitivement que les esquisses, dessins, plans et projets préparatoires;

les créations d'art mimique (pantomime) et rythmique (chorégraphie) origi-

---

(1) Voir pour les formalités de protection art. 3, et pour la durée art. 20, al. 4.

nales ne procédant pas directement d'une œuvre d'art existante, les tableaux vivants, les productions cinématographiques et autres œuvres traduites par une action muette, fixées dans des scénarios, des dessins, des photographies ou même simplement dans la mémoire d'un certain nombre de personnes.

Art. 2. — Les transformations d'œuvres étrangères, telles que traductions, adaptations, arrangements de musique, mises en film cinématographique, arrangements pour instruments de musique mécaniques, etc., constituent également l'objet du droit d'auteur. La réalisation dudit droit dépend de l'autorisation de l'auteur de l'original (droit d'auteur dépendant).

L'autorisation est inutile quand le droit d'auteur touchant l'original est éteint. L'autorisation cesse d'avoir effet si la transformation n'a pas paru dans un délai de cinq années.

La limitation susdite n'est pas applicable aux œuvres qui portent le caractère de création personnelle, même si elles ont été inspirées par une production étrangère.

Art. 3. — Le droit d'auteur existe également en ce qui concerne les productions photographiques et les productions réalisées par des procédés analogues, à condition que réserve expresse en soit faite de façon apparente sur les reproductions. Sur les photographies et les reproductions obtenues de façon analogue, sur les films, ainsi que sur les morceaux de musique mécanique, sur les rouleaux des phonographes et autres appareils de ce genre reproduisant mécaniquement une œuvre, l'année du cliché ou de la reproduction doit être indiquée de façon apparente.

A défaut d'indication de l'année, le droit d'auteur à l'égard de ces œuvres n'a effet contre de tierces personnes que si ces dernières savaient que la durée du droit d'auteur n'était pas encore venue à expiration.

Art. 4. — Ne sont pas l'objet du droit d'auteur :
1° les lois, les ordonnances, les décisions des tribunaux et autres autorités, les écrits et formulaires officiels destinés par les autorités à être portés à la connaissance du public ;
2° les informations de presse ordinaires (1).

Art. 5. — Les œuvres indiquées aux articles 1-3 jouissent de la protection à partir du moment de leur apparition légale (édition, publication, représentation, etc.) dans les cas suivants :
1° si les auteurs de ces œuvres sont des citoyens de l'État polonais ou des étrangers domiciliés en Pologne ;
2° si les œuvres ont paru d'abord en Pologne ou simultanément en Pologne et à l'étranger ;
3° si elles ont été publiées d'abord en polonais ;
4° si la protection résulte des accords internationaux ou si elle est motivée par le principe de réciprocité.

Quant aux œuvres non encore publiées, tous les auteurs, citoyens de l'État polonais ou étrangers, jouissent de la protection.

---

(1) Cela ne vise évidemment que le fait lui-même, mais laisse dans le domaine de la loi sur le droit d'auteur la forme individuelle donnée à l'information.

Sujets du droit d'auteur.

ART. 6. — Le droit d'auteur appartient en principe à l'auteur de l'ouvrage. A défaut de preuve contraire, est réputée auteur la personne dont le nom figure sur l'ouvrage, ou est rendu public lors de l'exécution ou de la représentation d'une œuvre.

ART. 7. — Les éditeurs de recueils de chansons populaires, de mélodies, de proverbes, de contes, de récits, de modèles de style architectonique et autres productions de l'art populaire, d'extraits, d'anthologies, d'anciens manuscrits, d'éditions critiques, jouissent du droit d'auteur dans la mesure où le travail d'édition (choix, composition, établissement du texte, etc.) offre les caractères d'une création originale (art. 1ᵉʳ).

ART. 8. — Le droit d'auteur, en ce qui concerne les ouvrages collectifs (encyclopédies, annuaires, calendriers et publications analogues) et en ce qui concerne les périodiques, est double : par rapport à l'ensemble, pour l'éditeur, et par rapport aux différentes parties, pour les auteurs respectifs. Les collaborateurs des ouvrages collectifs, s'ils reçoivent des honoraires d'auteur, ne peuvent, pendant un délai de trois ans à compter de la publication de ces parties dans l'ouvrage collectif, faire paraître ailleurs les parties par eux composées. Les collaborateurs des périodiques peuvent éditer ailleurs leurs travaux après que ceux-ci auront été publiés en entier dans le périodique. Cette réserve tombe quand la suite du travail, pour une cause indépendante de l'auteur, ne paraît pas dans le périodique pendant plus de trois mois.

Les auteurs d'ouvrages en association (par exemple, opéra et libretto, mélodie et texte, roman et illustration) ont un droit d'auteur commun pour l'ensemble ; cependant, chacun d'eux, pour sa partie, conserve un droit distinct (1).

Quant aux ouvrages indivis (par exemple un roman ou une œuvre dramatique écrite en commun par plusieurs auteurs), ils sont régis par les prescriptions relatives à la propriété commune.

ART. 9. — L'auteur d'une œuvre publiée sans indication de nom (anonyme) ou sous un nom d'emprunt (pseudonyme) est représenté, pour la défense des droits d'auteur, par l'éditeur et, à défaut de l'éditeur, par le bailleur de fonds. Cette substitution s'étend également à la défense des droits personnels. La substitution cesse dès le moment où l'auteur porte son nom à la connaissance du public.

ART. 10. — Le droit d'auteur, en ce qui concerne les productions photographiques ou les œuvres réalisées de façon analogue, les films cinématographiques et les arrangements d'œuvres musicales pour instruments, appartient à l'entrepreneur et, en cas de commande de l'œuvre, à la personne qui a fait cette commande (2).

---

(1) La loi roumaine, dans son article 35, dit que l'œuvre composée de musique et de paroles n'est pas indivisible. On admet le plus souvent, en France, que pour une œuvre dramatique musicale il y a, en principe, indivisibilité.

(2) Cette disposition rencontrera nécessairement l'opposition des « auteurs de films ». La question de la propriété du droit d'auteur sur les films est beaucoup plus complexe. Elle a fait l'objet des intéressants travaux d'une commission composée d'auteurs, de producteurs et de propriétaires de salles de projections, au Congrès de l'Association littéraire et artistique internationale en juin 1925.

Art. 11. — Les clauses définies par les dispositions des articles 6 à 10 peuvent être déterminées autrement dans le contrat.

Nature du droit d'auteur.

Art. 12. — L'auteur dispose de son œuvre exclusivement et à tous égards; en particulier, il décide si l'œuvre doit paraître, si elle doit être reproduite, répandue, et de quelle manière.

Tout auteur peut défendre ses droits personnels sans égard à l'existence ou à la non-existence du droit d'auteur (art. 58).

TITRE II

LIMITATION DES DROITS D'AUTEUR

Art. 13. — Dans le domaine littéraire, sous réserve des conditions de l'article 16, chacun est libre :

1° de reproduire dans des journaux les articles d'autres journaux publiés sans réserve; toutefois, le droit de reproduction ne s'étend pas aux articles scientifiques ou littéraires;

2° de reproduire dans des périodiques ou dans des œuvres destinées à des publications de ce genre les discours prononcés dans des réunions ou discussions à caractère public, ce qui néanmoins n'autorise pas à publier un recueil de discours d'une seule et même personne ;

3° de citer, dans des ouvrages constituant un ensemble indépendant, et ce à titre d'explication ou de renseignement, des passages succincts de conférences, de discours, ou d'autres productions scientifiques ou littéraires; pour les œuvres de petite dimension, il ne doit être fait de chacune, au maximum, que trois citations, et seulement quand ces travaux ont déjà paru en volumes; pour les anthologies, il est permis de puiser dans les œuvres d'autrui publiées soit en volumes, soit dans des périodiques, mais seulement après le décès des auteurs dont on donne des extraits;

4° de donner de brefs résumés des œuvres publiées ou représentées;

5° de répandre une œuvre parue par location d'exemplaires, conférences, récitations, à moins que ces dernières n'aient été expressément interdites par l'auteur; une œuvre dramatique publiée peut être représentée, mais non sur un théâtre, non plus qu'en vue d'un bénéfice;

6° d'utiliser comme texte d'une nouvelle composition musicale de petits fragments d'une œuvre poétique ou de petites poésies déjà parues.

Art. 14. — En ce qui concerne les compositions musicales, il est permis, sous réserves des conditions de l'article 16 :

1° de citer dans des ouvrages scientifiques et littéraires ou dans des manuels de courts passages de compositions musicales ou des productions complètes, à condition que ces œuvres aient été déjà publiées;

2° de répandre les œuvres musicales parues en en louant des exemplaires, en organisant des conférences accompagnées d'exécutions strictement explicatives, en exécutant la composition même sans percevoir de droits, ou bien si cette exécution entre dans le programme d'une cérémonie nationale, ou encore si elle est organisée par une société musicale exclusivement pour ses membres; il est interdit toutefois d'interpréter une œuvre scénique dans un théâtre.

Art. 15. — En ce qui concerne les œuvres de dessin, de peinture, de sculpture, d'architecture et de photographie, il est permis, sous réserve des conditions de l'article 16 :

1° d'exposer ces œuvres publiquement, mais non en vue d'un bénéfice;

2° d'en insérer des reproductions dans des œuvres scientifiques et dans des manuels ou de s'en servir pour illustrer des leçons, à condition qu'elles aient été publiées ou qu'elles soient exposées en permanence de manière à pouvoir être vues de tous;

3° de copier dans les édifices du culte ou dans les musées les œuvres acquises pour eux directement de l'auteur, en se conformant toutefois aux prescriptions établies par la direction intéressée ;

4° de reproduire au moyen d'une technique quelconque, artistique ou autre, les œuvres d'art exposées en permanence sur les voies publiques, dans les rues, sur les places ou dans les jardins publics, mais non dans les mêmes dimensions ni en vue d'un usage analogue; s'il s'agit d'œuvres architecturales, il n'est permis d'en reproduire que la façade extérieure; quant aux édifices du culte et aux édifices publics, on peut en reproduire également l'intérieur;

5° de reproduire en sculpture les œuvres de peinture ou les œuvres graphiques et inversement;

6° de faire construire suivant les plans, descriptions, modèles et dessins publiés, si l'auteur, en les publiant, ne s'est point réservé le droit exclusif de construction;

7° de reproduire des ouvrages de photographie, mais non au moyen de la photographie ni d'aucune façon similaire.

Art. 16. — Les emprunts à des œuvres étrangères, tels qu'ils sont prévus aux articles 13 à 15, ne sont autorisés qu'à condition que l'emprunteur fasse connaître l'original et l'auteur.

La liberté d'emprunter n'autorise à aucun changement. Ne sont autorisés, dans les compositions musicales, que les transpositions dans un autre ton, en une autre voix ou pour un autre instrument, et, dans les ouvrages de dessin ou de plastique, que les changements de dimensions et ceux que rend indispensables le mode de reproduction.

Art. 17. — Il n'est permis de copier ou de reproduire de toute autre façon une œuvre d'autrui que pour un usage strictement personnel et privé. Cette prescription n'est pas applicable aux constructions effectuées d'après un modèle architectural étranger.

Art. 18. — La jouissance du droit d'auteur en ce qui concerne les portraits de tout genre est subordonnée à l'autorisation de la personne représentée sur le portrait, si elle n'a pas reçu de rétribution de l'artiste.

Cette autorisation est inutile :

1° s'il s'agit de portraits de personnes jouissant d'une notoriété générale et n'ayant fait aucune réserve lors de l'exécution;

2° si les portraits de ces personnes ne constituent qu'un détail d'un tableau représentant un cortège, une assemblée, un paysage, etc.

Art. 19. — La jouissance du droit d'auteur en ce qui concerne les lettres est subordonnée à l'autorisation de la personne à laquelle les lettres ont été adressées, si l'exercice dudit droit doit ou peut révéler le nom de cette personne. Pendant trente ans à compter du décès de cette dernière, il faut l'autorisation du conjoint si la séparation de corps n'avait pas été prononcée ; à défaut de conjoint, celle des parents ; à défaut de parents, celle des enfants du défunt ; à défaut d'enfants, celle des frères et sœurs.

TITRE III

DURÉE DU DROIT D'AUTEUR

Art. 20. — Le droit d'auteur expire cinquante ans après le décès de l'auteur, et, en ce qui concerne les ouvrages en association, cinquante ans après le décès du dernier des survivants.

Quant aux œuvres posthumes (non éditées du vivant de l'auteur), le droit d'auteur expire cinquante ans après le décès de l'auteur. Au cas où une œuvre posthume est publiée dans le courant des dix dernières années, la durée du droit d'auteur est prorogée de dix ans.

Le droit d'auteur au profit des ayants cause expire cinquante ans après l'édition de l'ouvrage ou sa publication d'une autre façon. Ce même délai est applicable aux anonymes et aux pseudonymes si, avant la péremption du droit, l'intéressé ne s'en est pas déclaré publiquement l'auteur.

Le droit d'auteur pour les œuvres photographiques ou celles qui ont été réalisées de façon analogue expire dix ans après la prise de la photographie ; pour les ouvrages cinématographiques, vingt ans après la confection du film ; pour les arrangements de compositions musicales destinés aux instruments mécaniques, vingt ans à partir de l'arrangement. Le droit d'auteur, pour les séries de photographies ayant une valeur artistique ou scientifique, expire cinquante ans après le décès de l'éditeur.

Art. 21. — Si l'ouvrage paraît en parties séparées (tomes, fascicules, etc.), le délai est différent pour chaque partie ; cependant, si ces parties, quant à leur teneur, ne sont pas des œuvres distinctes, la durée du droit d'auteur compte de l'édition de la dernière partie.

Art. 22. — La durée du droit d'auteur est comptée par années, à partir du 1er janvier de l'année qui suit le décès de l'auteur, l'édition légale ou tout autre événement prévu par les articles 20 et 21

TITRE IV

CESSION DU DROIT D'AUTEUR

Dispositions générales.

Art. **23.** — Le droit d'auteur peut passer à d'autres personnes par acte entre vifs ou en cas de mort; à défaut d'expression des dernières volontés, ce droit passe aux héritiers légaux.

Art. **24.** — Le droit d'auteur, tant que l'auteur en jouit, ne saurait faire l'objet d'une saisie pour dettes si l'auteur s'y oppose. Après le décès de l'auteur, si le droit d'auteur passe aux héritiers, et si l'œuvre n'a pas encore été publiée, peuvent s'opposer à la saisie : le conjoint de l'auteur, si la séparation de corps n'a pas été prononcée; à défaut du conjoint, les parents; à défaut de parents, les enfants du défunt; à défaut d'enfants, ses frères et sœurs. Toutefois, ces personnes ne décident qu'autant qu'il n'y a pas d'indications suffisantes de la volonté de l'auteur quant à l'édition de l'œuvre.

Les limitations précédentes ne sont pas obligatoires si l'objet de la saisie est le droit d'auteur en ce qui concerne les ouvrages de photographie ou les travaux effectués de façon analogue, les ouvrages de cinématographie ou les arrangements d'ouvrages de musique pour instruments mécaniques.

Art. **25.** — Les stéréotypes, plaques, pierres, formes et autres accessoires appartenant à l'ayant droit et servant exclusivement à l'exercice de son droit d'auteur constituent une part de ce droit.

Art. **26.** — Les droits et obligations des parties doivent être appréciés d'après le contrat; s'il ne s'y trouve aucune indication spéciale, d'après les dispositions de la présente loi; à défaut de ces dernières, d'après les dispositions correspondantes du droit commercial et du droit civil.

Art. **27.** — L'auteur, en cédant la propriété d'une œuvre d'art, ne se désiste pas de ce fait du droit d'auteur ; toutefois, l'acquéreur n'est pas tenu d'autoriser l'auteur à copier, reproduire ou représenter son œuvre.

Art. **28.** — Nonobstant la cession du droit d'auteur à une autre personne, l'auteur conserve ses droits personnels.

Art. **29.** — Le successeur légal, même s'il a acquis tous les droits d'auteur, n'est pas libre d'apporter des changements à l'ouvrage, sauf les changements imposés par une nécessité évidente et que l'auteur n'aurait pas de motif valable d'interdire.

Art. **30.** — Nonobstant la cession du droit d'auteur, l'auteur ne perd pas le droit exclusif d'autoriser l'exercice des droits d'auteur (art. 2), à moins qu'il n'en ait été autrement convenu.

Art. 31. — Chacune des parties peut à tout moment, après quatre ans, dénoncer un an d'avance le contrat en vertu duquel l'auteur s'engage, pour une durée supérieure à cinq ans, à céder à l'autre partie ses œuvres futures ou une caté_gorie de ses œuvres ou bien à travailler régulièrement pour elle dans un ordre déterminé de production.

La renonciation à ce droit de la part de l'auteur est nulle devant la loi.

Art. 32. — Chacune des parties peut, par une déclaration motivée, résilier le contrat relatif à la création d'une œuvre jusqu'à la remise de cette œuvre, si après la conclusion du contrat, il s'est produit des événements imprévus constituant un motif légitime de résiliation, tels que : maladie de l'auteur rendant impossible pour une durée prolongée l'exécution de l'œuvre, circonstances contraignant l'auteur en considération de ses intérêts moraux réels à renoncer à son œuvre, insolvabilité de l'acquéreur, etc. La présente disposition ne ferme pas la voie aux actions intentées à raison de bénéfices illégitimes non plus qu'aux actions en remboursement de fonds et en dommages-intérêts.

Contrat relatif à l'édition.

Art. 33. — En vertu du contrat d'édition, l'éditeur acquiert le droit exclusif d'éditer un ouvrage littéraire ou artistique et s'engage à effectuer l'édition dans la forme appropriée, ainsi qu'à employer les moyens voulus pour sa diffusion ; il doit, en cela, veiller aux intérêts moraux et matériels de l'auteur en rapport avec l'édition.

Art. 34. — L'éditeur ne peut pas céder ses droits à d'autres personnes sans l'autorisation de l'auteur, à moins qu'il ne les transfère en même temps que son entreprise. L'auteur est réputé avoir donné son autorisation s'il ne s'est pas opposé à la cession dans les deux mois qui suivent la date à laquelle il en a été avisé.

Art. 35. — L'auteur est tenu de fournir à l'éditeur son œuvre entière ou la partie destinée à être éditée à part, sans délai et en bonne forme ; l'éditeur doit également commencer sans délai les travaux d'édition et les achever en temps voulu.

Art. 36. — Si l'auteur n'a pas remis son œuvre à l'éditeur dans le délai convenable, l'éditeur peut lui accorder un délai supplémentaire, répondant aux circonstances, avec menace de résilier le contrat, et, si ce délai vient à expiration sans effet, résilier le contrat. L'auteur peut également résilier le contrat si l'éditeur, après lui avoir accordé un délai supplémentaire, répondant aux circonstances, avec menace de résilier le contrat, n'entreprend pas l'édition de l'œuvre. En ce qui concerne les prétentions réciproques, les dispositions générales de la loi sont applicables ; toutefois, en cas de non-livraison de l'œuvre par l'auteur, l'éditeur ne peut que l'actionner en dommages-intérêts, sans réclamer l'exécution de l'œuvre.

Art. 37. — L'éditeur peut se libérer de l'obligation d'éditer l'ouvrage en payant les honoraires convenus et en restituant l'œuvre, sauf arrangement contraire entre les parties ; toutefois, l'éditeur ne saurait user de ce droit après les six mois qui suivent la remise de l'œuvre en ses mains, à moins que ne se soient produits ou n'aient été dévoilés des faits à raison desquels l'édition porterait un préjudice sérieux au bien public ou à la bonne renommée de l'éditeur.

Art. 38. — Les dispositions des articles 35 et 36 sont également applicables au cas où l'éditeur a acquis de l'auteur le droit de publier plusieurs éditions.

Avant de publier une nouvelle édition, l'éditeur est tenu de donner à l'auteur la possibilité d'apporter des changements à son œuvre. Cependant, il n'est pas permis à l'auteur de faire d'autres changements que ceux auxquels l'éditeur ne saurait s'opposer sans un motif valable.

Art. 39. — A défaut d'une indication spéciale dans le contrat, le montant des honoraires est fixé selon le principe de l'équité.

A défaut de convention touchant le terme de paiement, les honoraires sont versés au moment de la livraison de l'ouvrage à l'éditeur.

En cas d'accord prévoyant des honoraires proportionnels à l'ensemble de l'édition, le pourcentage est calculé d'après le prix auquel les exemplaires sont vendus au public, et les honoraires doivent être versés dès que l'impression aura été achevée.

Si les honoraires dépendent du nombre des exemplaires vendus, l'éditeur est tenu d'en présenter le compte à l'auteur tous les trois mois, en lui permettant, à lui ou à la personne autorisée par lui, de vérifier les rubriques correspondantes de ses livres et de ses factures, et de lui verser les honoraires qui lui reviennent.

Art. 40. — Les frais de correction des épreuves sont à la charge de l'éditeur. L'auteur a le droit de se faire envoyer, pour les reviser, les épreuves corrigées. Il ne lui est pas dû d'honoraires spéciaux pour revision d'épreuves.

L'auteur supporte les frais des changements introduits dans l'ouvrage après le commencement des travaux d'édition, si ces changements dépassent la mesure normale et s'ils ne sont pas la conséquence inévitable de faits qui se sont produits indépendamment de l'auteur après le commencement des travaux d'édition.

Art. 41. — A défaut d'accord en ce qui concerne le nombre des éditions et des exemplaires, l'éditeur a le droit de porter l'édition à 2.000 exemplaires au maximum et à 1.000 exemplaires s'il s'agit de morceaux de musique ordinaire.

L'auteur a droit à 1 exemplaire gratuit sur 100, sans pouvoir toutefois dépasser 100 exemplaires. Ceux-ci ne sont pas compris dans le nombre ci-dessus indiqué de 2.000 ou 1.000 exemplaires. En ce qui concerne les ouvrages collectifs, l'éditeur peut remplacer les exemplaires de l'ouvrage par des tirages de chaque contribution.

Les dispositions du second alinéa du présent article ne sont pas applicables aux périodiques.

Art. 42. — Outre le nombre des exemplaires prévu par l'article 41, l'éditeur a le droit, pour remplir les engagements visés à l'article 33, de commander un supplément de 100 exemplaires et, en outre, pour couvrir les manques, un autre supplément de deux exemplaires par centaine dans le cas où l'édition est tirée à 3.000 exemplaires; si les éditions sont plus considérables, il peut commander encore un autre exemplaire par chaque nouvelle centaine.

Art. 43. — L'auteur ou la personne autorisée par lui a le droit de vérifier à l'imprimerie en combien d'exemplaires l'ouvrage est tiré et, à cet effet, d'examiner les livres de commandes et les factures chez l'éditeur et à l'imprimerie.

Art. 44. — Le prix de vente est fixé par l'éditeur qui en informe l'auteur. Il ne peut augmenter le prix sans le consentement de l'auteur, à moins que ce prix ne dépasse pas l'augmentation des frais d'une édition analogue. Si les honoraires ont été convenus en pourcentage, l'auteur a droit à un pourcentage déterminé de l'augmentation pour tous les exemplaires qui restent à vendre.

Art. 45. — L'auteur a le droit d'entreprendre une nouvelle édition aussitôt après l'épuisement de la première.

A tout moment, il a le droit de racheter à l'éditeur tous les exemplaires non vendus au prix auquel l'éditeur les cède aux libraires.

Sans égard au nombre des exemplaires non vendus, l'auteur peut procéder à une nouvelle édition de son œuvre cinq ans après la publication de l'édition précédente, et, pour les manuels scolaires et les œuvres scientifiques, après l'expiration d'une période de dix ans.

Art. 46. — Dans l'édition complète de ses œuvres, un auteur peut faire figurer également les ouvrages pour lesquels il a cédé les droits d'édition à d'autres personnes si, depuis leur publication, cinq ans se sont écoulés; cependant, il ne saurait les vendre séparément, à moins qu'il n'ait le droit de les publier en vertu de l'article précédent.

Le droit, pour un éditeur, de publier les œuvres d'un auteur n'emporte pas celui de publier ou de vendre séparément les différents ouvrages.

Autres accords relatifs au débit des œuvres.

Art. 47. — Aux contrats relatifs à la représentation publique d'une œuvre scénique ou à l'exécution publique d'une composition musicale, sont applicables, avec les modifications appropriées, les articles 33 à 36 et l'article 38.

Les dispositions de l'article 39 sont applicables avec cette différence que les honoraires sont payés à l'auteur immédiatement après la conclusion du contrat, et, au cas où l'auteur doit fournir un manuscrit, immédiatement après la remise de celui-ci à l'entrepreneur; si les honoraires sont calculés proportionnellement au bénéfice (tantième), ils doivent être payés à chaque clôture de compte.

Art. 48. — L'entrepreneur qui représente une œuvre musicale peut en faire tirer les paroles et le libretto, mais il ne peut les vendre qu'au public qui assiste à la représentation. Ces textes ne peuvent être débités dans les librairies.

Art. 49. — L'auteur peut résilier immédiatement le contrat si l'entrepreneur représente son œuvre dans une forme qui ne lui est manifestement pas appropriée, ou avec des interprètes complètement insuffisants, ou en y opérant des changements que l'auteur serait fondé à ne pas accepter.

Art. 50. — Quiconque a acquis, contre paiement, des plans architecturaux non publiés n'acquiert le droit de les utiliser que pour une seule construction.

TITRE V

CONTRAT D'AGENCE

ART. 51. — Le contrat d'agence autorise et oblige l'agent à délivrer en son nom propre, mais au compte de l'auteur, des licences pour la représentation d'ouvrages scéniques et pour l'exécution de compositions musicales, ainsi qu'à poursuivre en justice, au nom de l'auteur, les représentations ou exécutions illégales de ces ouvrages.

ART. 52. — Les droits et obligations découlant du contrat passé entre l'auteur et l'agent sont régis par les prescriptions de l'article 26.

Ce contrat n'autorise pas l'agent à conclure des contrats relatifs à l'édition de l'ouvrage.

ART. 53. — L'agent est tenu d'informer immédiatement l'auteur de toute licence délivrée pour son compte, de lui présenter les comptes et de lui verser, tous les trois mois, les honoraires d'auteur ou les tantièmes, déduction faite des frais de commission qui, sauf convention spéciale, s'élèvent à 10 p. 100.

ART. 54. — Le décès de l'agent dissout le contrat.

TITRE VI

PROTECTION LÉGALE

Plaintes pour infraction aux droits d'auteur.

ART. 55. — L'auteur (ou son successeur légal) peut demander à la personne qui empiète illégalement sur ses droits de renoncer à cet abus, de lui restituer le gain qu'elle a réalisé et, en cas de faute, de réparer tout dommage à lui causé.

ART. 56. — Les exemplaires ou parties d'exemplaires tirés illégalement, ainsi que le matériel servant à l'édition, tels que clichés, stéréotypes, pierres, plaques et autres, appartenant au défendeur, peuvent, à la requête de la personne lésée, lui être attribués à titre de dédommagement pécuniaire ou être laissés chez le propriétaire après avoir été mis hors d'usage Il est toutefois interdit de détruire les œuvres d'art.

En ce qui concerne les édifices, la construction commencée n'en saurait être arrêtée. La personne lésée a cependant le droit à une juste indemnisation (honoraires), sans préjudice de l'action qu'elle peut intenter pour bénéfices illicites et de l'action en dommages-intérêts.

ART. 57. — La personne lésée peut demander réparation des dommages qui lui ont été causés à la personne qui, sans empiéter sur les droits d'auteur, est responsable d'un préjudice quant à l'objet de ces droits.

Plaintes pour infraction aux droits personnels.

Art. 58. — L'auteur à qui un préjudice a été causé dans ses droits personnels par rapport à son œuvre peut, quand bien même le droit d'auteur n'aurait jamais existé, ou serait éteint, ou aurait été cédé à d'autres personnes, ou serait sans effet, suivant les dispositions des articles 13 à 15, réclamer, sans préjudice des plaintes fondées sur les articles 55 à 57, la cessation des actes préjudiciables et la réparation de leurs effets, en particulier une rétractation ou toute autre déclaration publique, la publication du jugement dans les journaux et autres moyens de satisfaction. Si l'acte a été commis sciemment, le tribunal, à la demande du lésé, peut adjuger à celui-ci, outre l'indemnisation pour les désagréments éprouvés et autres dommages personnels, une somme qu'il fixera librement, à titre de sanction, en rapport avec les circonstances.

Le dommage personnel a lieu : quand quelqu'un s'arroge la paternité d'une œuvre et s'approprie le nom ou le pseudonyme de l'auteur ; quand il ne cite dans son ouvrage ni l'auteur, ni la source à laquelle il a puisé le texte ou des extraits, ce qui est susceptible d'induire en erreur en ce qui concerne l'origine de l'œuvre ; quand il indique faussement le nom de l'auteur ou la source ; quand il publie une œuvre non destinée par l'auteur à être publiée ; quand il introduit dans la publication des changements en y opérant des additions ou des suppressions qui en altèrent le sens ou nuisent à sa tenue et à sa valeur ; quand il édite l'ouvrage sous une forme qui ne lui est manifestement pas appropriée ; quand il introduit des changements dans l'œuvre originale ; quand il appose sur l'original d'une œuvre d'art le nom de l'auteur malgré sa volonté ou en fait connaître l'auteur de toute autre façon malgré sa volonté ; quand il emploie la critique pour rabaisser la valeur de l'œuvre en faussant sciemment les faits, etc.

Art. 59. — Après le décès de l'auteur, le droit de porter plainte conformément à l'article 58 appartient, sauf volonté contraire exprimée par l'auteur, au conjoint survivant, aux parents, aux descendants, ainsi qu'aux frères et sœurs du défunt. Toutefois, ces personnes n'ont pas le droit de se faire adjuger une somme par le tribunal à titre de sanction. Si l'une d'entre elles porte plainte, les autres ne sauraient engager elles-mêmes une action et elles ne peuvent que se joindre à l'action déjà en cours.

Art. 60. — Les dispositions de l'article 58 sont applicables respectivement au débit d'un portrait sans l'autorisation de l'intéressé ; celles des articles 58 et 59 sont applicables à l'atteinte portée aux droits personnels par la publication de lettres sans l'autorisation requise par l'article 19.

Dispositions pénales.

Art. 61. — Quiconque, contrairement aux dispositions de la présente loi, empiète sciemment sur les droits exclusifs de l'auteur ou de son successeur légal, est passible d'une amende jusqu'à 10.000 zlotys, ou d'un emprisonnement d'une semaine à six mois, ou des deux peines conjointement.

La personne qui prend copie d'une œuvre d'art plastique n'est passible de peine que si elle agit ainsi en vue de se procurer des bénéfices.

Art. 62. — L'éditeur qui, à l'insu de l'auteur, commande de propos délibéré, et l'entrepreneur qui, également à l'insu de l'auteur, tire de propos délibéré un nombre d'exemplaires de son œuvre supérieur à celui qu'il était autorisé à tirer, sont passibles d'une amende jusqu'à 50.000 zlotys, ou d'un emprisonnement d'un mois à un an, ou des deux peines conjointement.

Art. 63. — Quiconque s'attribue sciemment la paternité d'une œuvre d'autrui est passible d'une amende jusqu'à 10.000 zlotys, ou d'un emprisonnement d'un mois à un an, ou des deux peines conjointement.

Art. 64. — Les actes prévus aux articles 61 et 63 ne peuvent être jugés qu'à la suite d'une plainte privée.

Art. 65. — Sont autorisées à déposer une plainte privée les mêmes personnes qui, le cas échéant, ont le droit d'intenter une action civile.

Art. 66. — La tentative n'est passible d'une peine que dans les cas prévus par l'article 62.

Art. 67. — Une action pénale ne saurait être ouverte après trois ans pour les infractions prévues par les articles 61 et 63 et après cinq ans pour les délits prévus par l'article 62.

Un jugement de condamnation ne saurait être prononcé après six ans pour les infractions prévues par les articles 61 et 63 et après dix ans pour les délits prévus à l'article 62.

Cependant, la prescription est suspendue si, pour des raisons prévues par la loi, la procédure pénale ne peut être engagée ou poursuivie.

Le jugement de condamnation ne peut être exécuté s'il s'est écoulé dix ans depuis qu'il est devenu définitif.

La prescription de la peine est suspendue pendant la période de suspension conditionnelle ou d'ajournement de l'exécution de la peine.

Art. 68. — Les plaintes prévues par les articles 61 et 63 ne peuvent être déposées après l'expiration d'un an à compter du jour où l'intéressé a eu connaissance de l'infraction et de son auteur.

Art. 69. — A la requête du demandeur, le tribunal peut ordonner la publication du jugement aux frais du condamné.

TITRE VII

DISPOSITIONS RA SITOIRES ET FINALES

Art. 70. — La présente loi est également applicable aux droits d'auteur existant le jour de son entrée en vigueur. Toutefois, la durée de ces droits, telle qu'elle est déterminée par les dispositions jusqu'ici obligatoires, n'est pas abrégée; mais ils ne peuvent être prolongés que si l'auteur lui-même ou son héritier en ont encore la jouissance.

Art. 71. — Les contrats relatifs à la cession du droit d'auteur sont interprétés d'après les dispositions en vigueur au moment où ils ont été établis.

Art. 72. — Les réimpressions, reproductions, constructions et arrangements pour instruments mécaniques, non interdits par les dispositions antérieures et commencés avant que la présente loi soit entrée en vigueur, pourront être achevés et débités même s'ils sont interdits par la présente loi.

Art. 73. — Sur le territoire où continue d'être en vigueur le Code pénal allemand de 1871, il conviendra d'appliquer, dans les cas prévus par les articles 61 et 63, au lieu de l'emprisonnement au-dessus de six semaines, la peine de réclusion dans une maison centrale.

Sur le territoire où la loi pénale autrichienne de 1852 est restée en vigueur, les infractions prévues par les articles 61, 62 et 63 sont des contraventions. Au lieu de la peine de réclusion prévue par l'article 62, il convient d'appliquer la peine d'emprisonnement.

Art. 74. — Les jugements dans les actions civiles ayant pour objet les prétentions fondées sur la présente loi sont de la compétence exclusive des tribunaux d'arrondissement, quelle que soit la valeur de l'objet du différend.

Art. 75. — Dans les affaires relatives aux infractions prévues par les articles 61, 62 et 63, c'est aux tribunaux d'arrondissement qu'il appartient de statuer.

Art. 76. — La présente loi entre en vigueur trente jours après sa promulgation.

Art. 77. — L'exécution de la présente loi est confiée au Ministre des Cultes et de l'Instruction publique ainsi qu'au Ministre de la Justice.

◇◇◇◇ **BORDEAUX** ◇◇◇◇

IMPRIMERIE CADORET

17, RUE POQUELIN-MOLIÈRE, 17

13.629   Août 1926